道徳

私たちの未来
未来の私たち

開隆堂

道徳《どうとく》の学習《がくしゅう》を始《はじ》めよう!!

道徳《どうとく》は、楽《たの》しい学習《がくしゅう》です。
自分自身《じぶんじしん》が「よりよく生《い》きる」ために、
どんなことをしたらよいかを考《かんが》える時間《じかん》です。
明日《あした》からの自分《じぶん》のために、自分《じぶん》のよいところを見《み》つけていきましょう。
また、みんなと話《はな》し合《あ》うことで、いろいろな考《かんが》えに気《き》づきます。
話《はな》し合《あ》いを通《とお》して、より自分《じぶん》らしい考《かんが》えを見《み》つけていきましょう。

START《スタート》!

一番大切《いちばんたいせつ》なもの

一番《いちばん》好《す》きなこと

将来《しょうらい》の夢《ゆめ》

今《いま》やりたいこと

一番《いちばん》の思《おも》い出《で》

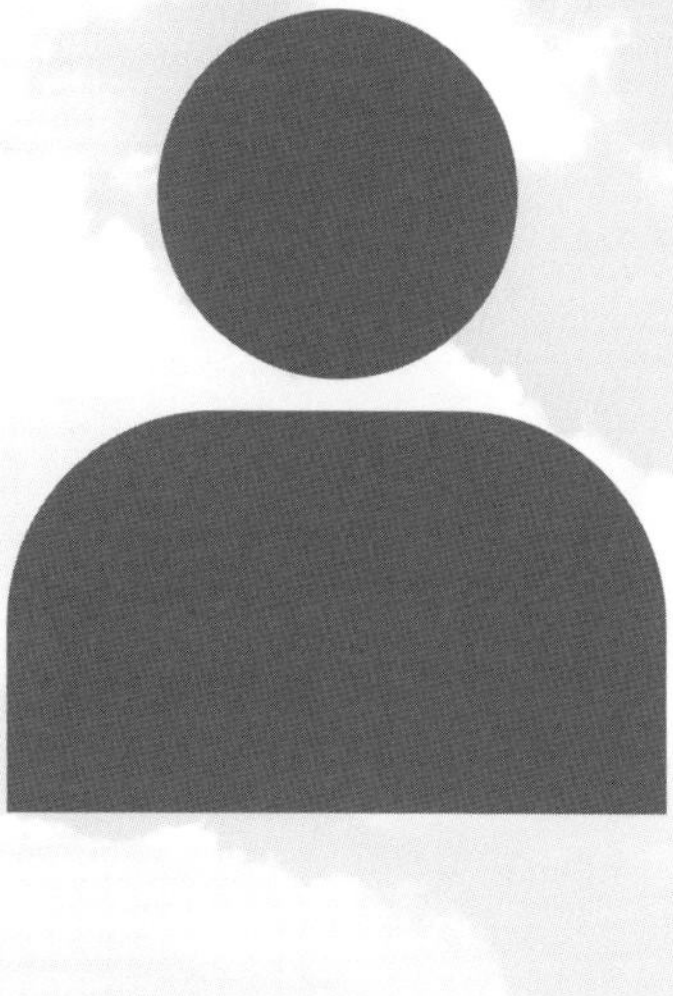

一番《いちばん》好《す》きな言葉《ことば》

もくじ

D　輝《かがや》く命《いのち》

人《ひと》との関《かか》わりに関《かん》すること

らしく生《い》きよう！

生命《せいめい》や自然《しぜん》、崇高《すうこう》なものとの関《かか》わりに関《かん》すること

1年間《ねんかん》で学《まな》ぶこと

自分自身《じぶんじしん》に関《かん》すること

心《こころ》を育《そだ》て 自分《じぶん》

集団《しゅうだん》や社会《しゃかい》との関《かか》わりに関《かん》すること

A 自分《じぶん》のこと

叫《さけ》んでみよう
自分《じぶん》の心《こころ》を　自分《じぶん》の思《おも》いを
自分《じぶん》の　ことばで
けんかも　あそびも　なかまづくりも
ちいさないのちを　いつくしむことも
歌《うた》も　おどりも　一《ひと》つの仕事《しごと》も
みんな　自分《じぶん》の意志《いし》と　責任《せきにん》
どこかで　つくられた道《みち》を
知《し》らぬ間《ま》に　歩《ある》かされるのではなく
自分《じぶん》の足《あし》で　大地《だいち》に立《た》ち
考《かんが》えてみよう　自分《じぶん》のことばで
それは　わたしが　生《い》きているあかし
人間《にんげん》らしく　生《い》きていくための
かけがえのない　あかしなのだから
【自分《じぶん》のことばで】　小森香子《こもりきょうこ》

1

どうする？ペンケース

自分《じぶん》で決《き》める

道絵《みちえ》さんは、日曜日《にちようび》に友《とも》だちの美佳《みか》さんと買《か》い物《もの》にでかけました。新《あたら》しいペンケースを買《か》うためです。道絵《みちえ》さんには、ずっと前《まえ》から買《か》いたいと思《おも》っていたお気《き》に入《い》りのキャラクターの描《か》かれたペンケースがありました。

お店《みせ》で、買《か》いたかったペンケースを探《さが》していると、美佳《みか》さんが、

「この花《はな》がらのペンケース、かわいいよ。おそろいにしようよ。」

と、言《い》ってきました。それは道絵《みちえ》さんが買《か》いたいと思《おも》っていたものとは違《ちが》う、別《べつ》のペンケースでした。

道絵《みちえ》さんは、悩《なや》みました。

そして道絵《みちえ》さんは、美佳《みか》さんとおそろいのペンケースを買《か》うことにしました。

「おそろいのペンケースが買《か》えてよかったね。」

と、美佳《みか》さんはうれしそうでした。

しかし道絵《みちえ》さんは、買《か》いたいと思《おも》っていたキャラクターのペンケースのことが頭《あたま》からはなれませんでした。

?

道絵《みちえ》さんは、美佳《みか》さんとおそろいのペンケースを買《か》った後《あと》、どのようなことを思《おも》っただろうか。

❶ペンケースを買《か》った後《あと》の道絵《みちえ》さんは、どんな気持《きも》ちだと思《おも》いますか。

❷あなたなら、どちらのペンケースを買《か》いますか。

キャラクターのペンケース

おそろいのペンケース

（理由《りゆう》）

広《ひろ》げよう

次《つぎ》の場面《ばめん》で、あなたはどちらを選《えら》びますか。その理由《りゆう》も書《か》いてみよう。

食《た》べ物《もの》

①ラーメン

②ハンバーガー

選《えら》んだのは…
① ②

(理由《りゆう》)

遊《あそ》ぶなら

①山《やま》

②海《うみ》

選《えら》んだのは…
① ②

(理由《りゆう》)

2 あこがれのスマートフォン

生活《せいかつ》をつくる

弘志《ひろし》さんは、誕生日《たんじょうび》のプレゼントで、念願《ねんがん》のスマートフォン（スマホ）をお母《かあ》さんから買《か》ってもらいました。

友《とも》だちのスマホがうらやましくて、ずっと前《まえ》からお母《かあ》さんにお願《ねが》いしていたのです。

スマホがあると、いつでもどこでもゲームができたり、楽《たの》しい動画《どうが》が見《み》られたり、うれしいことばかりです。

弘志《ひろし》さんは、学校《がっこう》にいるとき以外《いがい》は、いつもスマホで遊《あそ》ぶようになりました。

「スマホのゲームや動画《どうが》は、とても楽《たの》しいな。」

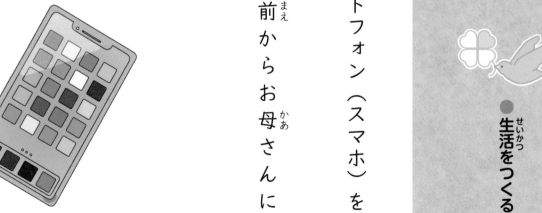

でも、毎日夜遅《まいにちよるおそ》くまで遊《あそ》んでいたら、だんだんと、寝《ね》る時間《じかん》と起《お》きる時間《じかん》が遅《おそ》くなり、昼《ひる》と夜《よる》が逆《ぎゃく》になる生活《せいかつ》になってしまいました。

「眠《ねむ》い…。学校《がっこう》に行《い》きたくないな。」

と、学校《がっこう》にも登校《とうこう》できなくなってしまいました。

そんな生活《せいかつ》を何日《なんにち》も続《つづ》けていたら、起《お》きていても、頭《あたま》がぼんやりとし、体《からだ》の調子《ちょうし》も悪《わる》くなってしまいました。

「つらい。このままだと、僕《ぼく》はどうなってしまうのだろう。」

弘志《ひろし》さんは、不安《ふあん》な気持《きも》ちになってきました。

?

このお話《はなし》を読《よ》んで、次《つぎ》のことについて話《はな》し合《あ》ってみよう。
また、自分《じぶん》の生活習慣《せいかつしゅうかん》を見直《みなお》してみよう。

❶ 弘志《ひろし》さんは、どうして学校《がっこう》に登校《とうこう》できなくなってしまったのだろうか。

❷ どうしたら、元気《げんき》な弘志《ひろし》さんに戻《もど》れるだろうか。

深《ふか》めよう

あなたの生活習慣《せいかつしゅうかん》を見直《みなお》して、スマホのマイルールをつくってみよう。

現在《げんざい》

・スマホの使用時間《しようじかん》
（一日《いちにち》　時間《じかん》）

・寝《ね》る時間《じかん》
（夜《よる》　時《じ》）頃《ごろ》

・起《お》きる時間《じかん》
（朝《あさ》　時《じ》）頃《ごろ》

これから

・スマホの使用時間《しようじかん》
（一日《いちにち》　時間《じかん》）まで

・寝《ね》る時間《じかん》　（夜《よる》　時《じ》）頃《ごろ》

・起《お》きる時間《じかん》　（朝《あさ》　時《じ》）頃《ごろ》

・使《つか》う時《とき》に気《き》をつけることは、

①（　　　　　　）

②（　　　　　　）

3

マラソン大会《たいかい》に向《む》けて

自分《じぶん》らしさを伸《の》ばす

保健体育《ほけんたいいく》の時間《じかん》に、マラソン大会《たいかい》に向《む》けた練習《れんしゅう》が始《はじ》まりました。

大地《だいち》さんは、走《はし》るのが苦手《にがて》でしたが、学校《がっこう》に入学《にゅうがく》してから毎日《まいにち》頑張《がんば》って走《はし》る練習《れんしゅう》をしました。しかし、まだまだ速《はや》く走《はし》れません。

同《おな》じクラスの貴司《たかし》さんは「今日《きょう》の練習《れんしゅう》では、スピードを上《あ》げるぞ。」、遥輝《はるき》さんは「記録《きろく》をのばすぞ。」などと、話《はな》しています。

先生《せんせい》の合図《あいず》で、みんなが走《はし》り始《はじ》めました。

大地《だいち》さんは、自分《じぶん》のペースで走《はし》る

ことを考《かんが》えながら走《はし》りました。体《からだ》も慣《な》れてきたので、少《すこ》しずつスピードを上《あ》げました。

そのとき、後《うし》ろから貴司《たかし》さんが走《はし》ってきて、大地《だいち》さんを追《お》い抜《ぬ》いていきました。大地《だいち》さんは、「今日《きょう》はあきらめないぞ。」と思《おも》い、貴司《たかし》さんのスピードに合《あ》わせて走《はし》りました。途中《とちゅう》できつくなり、あきらめようとしました。でも最後《さいご》まで頑張《がんば》って走《はし》り切《き》りました。

大地《だいち》さんは今日《きょう》も一番《いちばん》走《はし》るのが遅《おそ》かったのですが、遥輝《はるき》さんから、「今日《きょう》は速《はや》かったな。」と言《い》われて驚《おどろ》きました。

練習《れんしゅう》の最後《さいご》に、先生《せんせい》から記録《きろく》が良《よ》くなった人《ひと》の発表《はっぴょう》がありました。大地《だいち》さんの名前《なまえ》も呼《よ》ばれ、先生《せんせい》から「今年《ことし》はすごく頑張《がんば》ってるな。走《はし》るスピードも速《はや》くなった。」と言《い》われました。

?

このお話《はなし》の中《なか》で、大地《だいち》さんはどんな自分《じぶん》と向《む》き合《あ》ったのでしょうか。

❶ 走《はし》るのが一番遅《いちばんおそ》かったけれども、タイムが上《あ》がった大地《だいち》さんは、この結果《けっか》に満足《まんぞく》しているだろうか。

① 満足《まんぞく》している
② 満足《まんぞく》していない

（理由《りゆう》）

❷ 今日《きょう》の練習《れんしゅう》が終《お》わり、大地《だいち》さんは、マラソン大会《たいかい》に向《む》けてどんな気持《きも》ちになっているだろうか。

深《ふか》めよう

苦手《にがて》だけれどチャレンジしたいことはどんなことですか。また、得意《とくい》なことでもっと力《ちから》を伸《の》ばしたいことはどんなことですか。書《か》いて、発表《はっぴょう》しよう。

❶ 苦手《にがて》だけれどチャレンジしてみたいこと

❷ 得意《とくい》でもっと力《ちから》を伸《の》ばしたいこと

4

印刷工場《いんさつこうじょう》での出来事《できごと》

勇気《ゆうき》を出《だ》す

仁《ひとし》さんは、一度《いちど》に沢山《たくさん》のことを言《い》われると混乱《こんらん》してしまいます。

印刷工場《いんさつこうじょう》での、現場実習《げんばじっしゅう》でのことです。

「千枚印刷《せんまいいんさつ》して、終《お》わったら百枚《ひゃくまい》ごとにまとめ、一《ひと》つの箱《はこ》に詰《つ》め、その箱《はこ》を黄色《きいろ》の棚《たな》と青《あお》の棚《たな》に等《ひと》しく分《わ》けて積《つ》んでください。」

「終《お》わったら課長《かちょう》に報告《ほうこく》してください。」と、次々《つぎつぎ》に指示《しじ》を出《だ》されました。

その時《とき》、仁《ひとし》さんは、混乱《こんらん》して身体《からだ》が動《うご》かなくなり、ミスをしてしまいました。

印刷工場《いんさつこうじょう》では、仁《ひとし》さんが混乱《こんらん》している原因《げんいん》に、気《き》づいてくれる人《ひと》はいません。

「どうすれば、僕《ぼく》のことを分《わ》かってもらえるのかな?」仁《ひとし》さんは考《かんが》えました。

『沢山《たくさん》のことを一気《いっき》に言《い》われることが苦手《にがて》なんです。』と言《い》えたら、分《わ》かってもらえるのかな?」

仁《ひとし》さんは、恥《は》ずかしい気持《きも》ちもありましたが勇気《ゆうき》を出《だ》して、課長《かちょう》に相談《そうだん》しました。

「課長《かちょう》、仕事《しごと》の指示《しじ》は、一《ひと》つずつ出《だ》してもらえませんか。僕《ぼく》は、一度《いちど》に沢山《たくさん》のことを言《い》われるとどうしてよいかわからなくなってしまうのです。」

「そうだったのですね。これからは、指示《しじ》の出《だ》し方《かた》を考《かんが》えます。」

と、課長《かちょう》は答《こた》えてくれました。

仁《ひとし》さんは、困《こま》っていることを伝《つた》えたことで、自分《じぶん》が変《か》われた気《き》がしました。

課長《かちょう》を含《ふく》め、仁《ひとし》さんに対《たい》するまわりの人《ひと》からの見方《みかた》も、変《か》わってきました。

?

困《こま》っていることを周《まわ》りの人《ひと》に伝《つた》えるときの気持《きも》ちを考《かんが》えてみよう。

❶ 勇気《ゆうき》を出《だ》して伝《つた》えたことで、仁《ひとし》さんはどのように変《か》わっただろうか。

❷ あなたは、困《こま》っていることを周《まわ》りの人《ひと》に伝《つた》えることができますか。

①できる　②できない

（理由《りゆう》）

広《ひろ》げよう

障害《しょうがい》のあるなしに関《かか》わらず平等《びょうどう》に生《い》きられるようにするために、法律《ほうりつ》や条約《じょうやく》が定《さだ》められています。

障害者差別解消法《しょうがいしゃさべつかいしょうほう》

2016年《ねん》にできた、障害《しょうがい》のある人《ひと》へのいじめや差別《さべつ》をなくすための法律《ほうりつ》です。すべての人《ひと》が差別《さべつ》なく共《とも》に生《い》きる社会《しゃかい》の実現《じつげん》を目指《めざ》してつくられました。

内閣府
「合理的配慮《ごうりてきはいりょ》」を知《し》っていますか？
障害者差別解消法（注）により、障害のある方への「合理的配慮」などが求められています！！
（注）正式名称は「障害を理由とする差別の解消の推進に関する法律」で、平成28年4月1日からスタートしています。

出典《しゅってん》：内閣府《ないかくふ》

障害者権利条約《しょうがいしゃけんりじょうやく》

障害者権利条約《しょうがいしゃけんりじょうやく》とは、障害者《しょうがいしゃ》の人権《じんけん》や基本的《きほんてき》自由《じゆう》を守《まも》るための約束《やくそく》で、障害者《しょうがいしゃ》の権利《けんり》を実現《じつげん》するために国《くに》がすべきことを決《き》めています。この条約《じょうやく》では、障害者《しょうがいしゃ》がもともと持《も》っている自分《じぶん》らしさを大事《だいじ》にしています。日本《にほん》は、2007年《ねん》に、条約《じょうやく》に署名《しょめい》しました。

5 富士山《ふじさん》の姿《すがた》

新《あら》たな発想《はっそう》を生《う》み出《だ》す

加奈《かな》さんは、美術《びじゅつ》の授業《じゅぎょう》で富士山《ふじさん》の絵《え》や写真《しゃしん》を鑑賞《かんしょう》しました。

加奈《かな》さんが思《おも》い浮《う》かべる富士山《ふじさん》は、家《いえ》のカレンダーに描《か》かれている頂上《ちょうじょう》に白《しろ》い雪《ゆき》がある富士山《ふじさん》でした。

でも、授業《じゅぎょう》で鑑賞《かんしょう》した絵《え》は、同《おな》じ富士山《ふじさん》でも、形《かたち》も色《いろ》も全然違《ぜんぜんちが》っていました。

加奈《かな》さんは、「どれも同《おな》じ富士山《ふじさん》なのだろうか？」と思《おも》い、富士山《ふじさん》について調《しら》べてみました。すると、見《み》た場所《ばしょ》や季節《きせつ》によって、富士山《ふじさん》の見《み》え方《かた》が違《ちが》うことが分《わ》かりました。加奈《かな》さんは、とても面白《おもしろ》く感《かん》じるとともに、富士山《ふじさん》についてもっと知《し》りたくなりました。そして、自分《じぶん》なりの富士山《ふじさん》を描《か》きたいと思《おも》いました。

いろいろな「富士山《ふじさん》」

①

葛飾北斎《かつしかほくさい》
富嶽三十六景《ふがくさんじゅうろっけい》　凱風快晴《がいふうかいせい》
（所蔵《しょぞう》：東京国立博物館《とうきょうこくりつはくぶつかん》）

②

③

④

⑤

?

「ものの見《み》え方《かた》や考《かんが》え方《かた》」について考《かんが》えてみよう。

❶ 前《ぜん》ページの富士山《ふじさん》のうち、あなたが好《す》きな富士山《ふじさん》はどれですか。

① ② ③ ④ ⑤

（理由《りゆう》）

❷ なぜ、加奈《かな》さんは富士山《ふじさん》について、もっと知《し》りたくなったのだと思《おも》いますか。

広《ひろ》げよう

❶ 東京《とうきょう》の信号《しんごう》と雪国《ゆきぐに》の信号《しんごう》では、どのようなところが違《ちが》うだろう。

東京《とうきょう》の信号《しんごう》

雪国《ゆきぐに》の信号《しんごう》

❷ 図《ず》の飛行体《ひこうたい》は、なぜこのような形《かたち》をしているのだろうか。

B 人《ひと》との関《かか》わり

自分《じぶん》の周《まわ》りにはいろいろな人《ひと》がいます。
家族《かぞく》や友《とも》だちなどは自分《じぶん》の味方《みかた》になってくれます。
困《こま》っていたり、悩《なや》んでいたりするときに助《たす》けてくれます。
自分《じぶん》の周《まわ》りの人《ひと》が増《ふ》えると、楽《たの》しいことも増《ふ》えます。
どうしたら人《ひと》との関《かか》わりを増《ふ》やせるのか考《かんが》えてみましょう。

「自分《じぶん》を元気《げんき》づける一番《いちばん》よい方法《ほうほう》は、
誰《だれ》か他《ほか》の人《ひと》を元気《げんき》づけてあげることだ。」

——マーク・トウェイン

6

「ありがとう」のプレゼント

● 思《おも》いやりに応《こた》える

真奈美《まなみ》さんのクラスでは、次《つぎ》の道徳《どうとく》の授業《じゅぎょう》で「ありがとう」を伝《つた》え合《あ》う授業《じゅぎょう》をすることになりました。真奈美《まなみ》さんは、誰《だれ》にありがとうと伝《つた》えようか考《かんが》えてみました。

幸子《ゆきこ》さんは、困《こま》っているときに、「大丈夫《だいじょうぶ》？」と声《こえ》をかけてくれます。

瑞希《みずき》さんは、あきらめそうなときに「一緒《いっしょ》に頑張《がんば》ろう！」と励《はげ》ましてくれます。

康太《こうた》さんは、遠《とお》くから見守《みまも》ってくれていて、自分《じぶん》の力《ちから》ではどうしようもなくなったときには、手伝《てつだ》ってくれます。

真奈美《まなみ》さんは、思《おも》いやりのあるたくさんの人《ひと》に囲《かこ》まれていることに気《き》づきました。そして、みんなに「ありがとう」と伝《つた》えたくなりました。

幸子《ゆきこ》さんへ

私《わたし》が困《こま》っているとき、いつも
「大丈夫《だいじょうぶ》？」と優《やさ》しく声《こえ》をかけてくれて
ありがとう。

真奈美《まなみ》　より

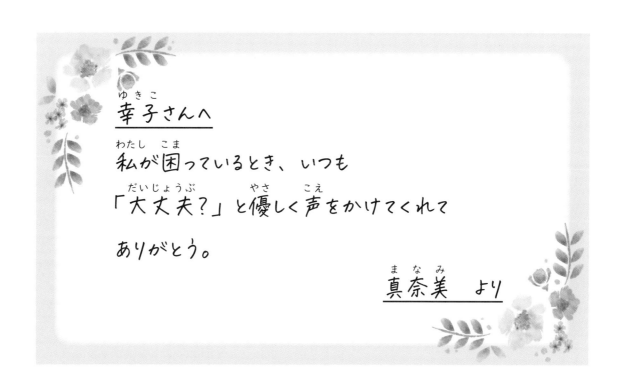

?

「ありがとう」の言葉《ことば》をおくろう。

❶ 真奈美《まなみ》さんが、みんなに「ありがとう」と伝《つた》えたくなったのはどうしてですか。

❷ 「ありがとう」を伝《つた》えてもらった幸子《ゆきこ》さんたちの気持《きも》ちは、どのように変《か》わっただろうか。

つなげよう

次《つぎ》の手順《てじゅん》を参考《さんこう》に、「ありがとう」の言葉《ことば》をおくってみよう。

1. ありがとうと伝《つた》えたい内容《ないよう》を思《おも》い出《だ》してみよう。

- 自分《じぶん》にかけてくれた言葉《ことば》で、心《こころ》に残《のこ》っている言葉《ことば》はありますか。
- 自分《じぶん》にしてくれたことで、心《こころ》に残《のこ》っていることはありますか。

2. うれしかった気持《きも》ち、ほっとした気持《きも》ち…などメッセージにして伝《つた》えてみよう。

3. 「ありがとう」の気持《きも》ちをメッセージカードに書《か》こう。

7

礼《れい》に始《はじ》まり礼《れい》に終《お》わる

礼儀《れいぎ》の大切《たいせつ》さ

みなさん、「礼《れい》に始《はじ》まり礼《れい》に終《お》わる」という言葉《ことば》を聞《き》いたことはありますか？

日本《にほん》のスポーツの世界《せかい》では、試合《しあい》の始《はじ》まりと終《お》わりに整列《せいれつ》し、お互《たが》いに「礼《れい》」を交《か》わします。特《とく》に柔道《じゅうどう》や剣道《けんどう》などの武道《ぶどう》では、相手《あいて》に敬意《けいい》をはらい、この礼儀《れいぎ》を重《おも》んじています。

剣道《けんどう》では、試合《しあい》で一本《いっぽん》を取《と》った後《あと》に、ガッツポーズをすると、取《と》った一本《いっぽん》が取《と》り消《け》されるというルールまであります。

ある高校《こうこう》の野球部《やきゅうぶ》での出来事《できごと》です。念願《ねんがん》の初優勝《はつゆうしょう》を決《き》め、スタンドの応援席《おうえんせき》は、歓喜《かんき》の渦《うず》に包《つつ》まれました。

しかし、優勝《ゆうしょう》を決《き》めた選手《せんしゅ》たちは一目散《いちもくさん》に整列《せいれつ》し、相手校《あいてこう》と試合後《しあいご》のあいさつを終《お》え、お互《たが》いの健闘《けんとう》をたたえ合《あ》いました。

その後《ご》、スタンドの応援団《おうえんだん》にあいさつを終《お》えた、その瞬間《しゅんかん》でした。ここで初《はじ》めて選手《せんしゅ》たちは、大《おお》きくガッツポーズをして、これまで抑《おさ》えてきた感情《かんじょう》を爆発《ばくはつ》させるかのように、優勝《ゆうしょう》の喜《よろこ》びを体《からだ》いっぱいに表現《ひょうげん》したのです。

私《わたし》は、この光景《こうけい》を見《み》て不思議《ふしぎ》に思《おも》ったのと同時《どうじ》に、なんだかすがすがしい気持《きも》ちになりました。

?

礼儀《れいぎ》について、話《はな》し合《あ》ってみよう。

❶ 選手《せんしゅ》たちは、なぜあいさつが終《お》わるまで喜《よろこ》ぶのを我慢《がまん》していたのだろうか。

❷ ほかのスポーツでの礼儀《れいぎ》について調《しら》べてみよう。

(例《れい》)
サッカー　テニス　相撲《すもう》　など

広《ひろ》げよう

次《つぎ》の場面《ばめん》では、「誰《だれ》に」「何《なん》と言《い》っている」だろうか。

誰《だれ》に（　　　　　　　　　　　　　　）

何《なん》と言《い》っている

（　　　　　　　　　　　　　　）

誰《だれ》に（　　　　　　　　　　　　　　）

何《なん》と言《い》っている

（　　　　　　　　　　　　　　）

8 将棋《しょうぎ》大会《たいかい》

友情《ゆうじょう》を深《ふか》める

悟《さとる》さんと啓太《けいた》さんは、同《おな》じ将棋部《しょうぎぶ》に所属《しょぞく》しています。もうすぐ開催《かいさい》される将棋大会《しょうぎたいかい》には、啓太《けいた》さんが代表《だいひょう》で出場《しゅつじょう》します。

大会当日《たいかいとうじつ》、啓太《けいた》さんは、一回戦《いっかいせん》は勝《か》つことができましたが、二回戦《にかいせん》は負《ま》けてしまいました。啓太《けいた》さんは、とても悔《くや》しがって、落《お》ち込《こ》んでいました。

悟《さとる》さんは、「啓太《けいた》さん、残念《ざんねん》だったね。僕《ぼく》がもっと強《つよ》い練習相手《れんしゅうあいて》だったら良《よ》かったのかな。」と声《こえ》を掛《か》けました。

啓太《けいた》さんは、「そんなことないよ。悟《さとる》さんが何度《なんど》も練習《れんしゅう》してくれたおかげで、頑張《がんば》れたよ。ありがとう。これからも、一緒《いっしょ》に頑張《がんば》ろう。」と答《こた》えました。

大会後《たいかいご》、悟《さとる》さんと啓太《けいた》さんは、これまで以上《いじょう》にたくさん練習《れんしゅう》するようになりました。

そして、悟《さとる》さんは、啓太《けいた》さんと今《いま》までよりももっと仲良《なかよ》くなれたと感《かん》じました。

？ 将棋大会《しょうぎたいかい》での出来事《できごと》について、話《はな》し合《あ》ってみよう。

❶ あなたは、悟《さとる》さんと啓太《けいた》さんのどちらが友《とも》だち思《おも》いだと感《かん》じただろうか。

①悟《さとる》さん

②啓太《けいた》さん

（理由《りゆう》）

❷ 悟《さとる》さんと啓太《けいた》さんは、どうしてもっと仲良《なかよ》くなれたのだろうか。

広《ひろ》げよう

次《つぎ》の場面《ばめん》では、どのような友情《ゆうじょう》があるだろうか。
二人《ふたり》が話《はな》している言葉《ことば》を考《かんが》えてみよう。

9

文化祭《ぶんかさい》の準備《じゅんび》

互《たが》いに分《わ》かり合《あ》う

寿人《ひさと》さんは、文化祭《ぶんかさい》で使用《しよう》する背景画《はいけいが》を作成《さくせい》しています。野球《やきゅう》の大会《たいかい》が近《ちか》い勇人《ゆうと》さんを誘《さそ》い、手伝《てつだ》ってもらうことにしました。作業前《さぎょうまえ》には、「野球《やきゅう》の大会《たいかい》が近《ちか》いのに来《き》てくれて、本当《ほんとう》にありがとう。」と勇人《ゆうと》さんに言《い》いました。

二人《ふたり》で頑張《がんば》って色塗《いろぬ》りを始《はじ》めましたが、なかなか思《おも》うようにいかず、勇人《ゆうと》さんは、だんだんイライラしてきました。

そうとも知《し》らずに寿人《ひさと》さんは、「ここは緑色《みどりいろ》にしよう。もう少《すこ》し濃《こ》く塗《ぬ》って。」などと、完成《かんせい》に向《む》けた指示《しじ》をしました。

でも勇人《ゆうと》さんは、色塗《いろぬ》りに飽《あ》きてしまい、新聞紙《しんぶんし》を丸《まる》め野球《やきゅう》のボールに見立《みた》てて、遊《あそ》び始《はじ》めました。

寿人《ひさと》さんは、「遊《あそ》んでないで、まじめにやろうよ。」と、言《い》いましたが、勇人《ゆうと》さんはボール遊《あそ》びを止《や》めません。

そんなときでした。勇人《ゆうと》さんは、水《みず》の入《はい》ったバケツを倒《たお》してしまい、絵《え》がにじんでしまいました。

勇人《ゆうと》さんは、あわてて何度《なんど》も謝《あやま》りました。寿人《ひさと》さんは黙《だま》って聞《き》いていました。そして、「一緒《いっしょ》に色塗《いろぬ》りを続《つづ》けよう。」と、言《い》いました。

その後《ご》、背景画《はいけいが》は無事《ぶじ》に完成《かんせい》しました。寿人《ひさと》さんは、「野球《やきゅう》の大会《たいかい》が近《ちか》いにも関《かか》わらず、手伝《てつだ》ってくれてありがとう。おかげで背景画《はいけいが》は無事《ぶじ》に完成《かんせい》したよ。」と言《い》いました。

?

寿人《ひさと》さんと勇人《ゆうと》さんは、どのような気持《きも》ちで背景画《はいけいが》を作成《さくせい》したのだろうか。話《はな》し合《あ》ってみよう。

❶ あなたが寿人《ひさと》さんだったら、バケツを倒《たお》した勇人《ゆうと》さんをどう思《おも》いますか。

① 許《ゆる》せる　② 許《ゆる》せない

（理由《りゆう》）

❷ なぜ寿人《ひさと》さんは、勇人《ゆうと》さんを怒《おこ》らなかったのですか。

広《ひろ》げよう

このようなとき、あなたは相手《あいて》をどのように思《おも》うだろうか。

校庭《こうてい》で一緒《いっしょ》に遊《あそ》んでいたときに、はねた泥水《どろみず》がかかった。

貸《か》していた本《ほん》を汚《よご》された。

C 集団《しゅうだん》の中《なか》で

私《わたし》たちが、社会《しゃかい》や集団《しゅうだん》の中《なか》で生《い》き生《い》きと過《す》ごすためには
どんなことが大切《たいせつ》だろう？

❶きまりを守《まも》ること
❷誰《だれ》にでも公平《こうへい》に接《せっ》すること
❸自分《じぶん》の役割《やくわり》と責任《せきにん》を知《し》ること
❹楽《たの》しい学校《がっこう》にすること
❺いろいろな人《ひと》と交《まじ》わること

さあ、社会《しゃかい》に飛《と》び出《だ》していきましょう！

10

生徒会選挙《せいとかいせんきょ》

きまりに向《む》き合《あ》う

真治《しんじ》さんの学校《がっこう》で、生徒会選挙《せいとかいせんきょ》が行《おこな》われます。この選挙《せんきょ》では、立候補者《りっこうほしゃ》が「新《あたら》しい制服《せいふく》の導入《どうにゅう》」に関《かん》して公約《こうやく》を発表《はっぴょう》しています。特《とく》に生徒会長《せいとかいちょう》の三人《さんにん》の立候補者《りっこうほしゃ》は、毎日《まいにち》、「新《あたら》しい制服《せいふく》」について、校門《こうもん》に立《た》ったり、教室《きょうしつ》を回《まわ》ったりして、選挙演説《せんきょえんぜつ》を行《おこな》っています。

一方《いっぽう》、「たった一票《いっぴょう》では、なんの役《やく》にも立《た》たない。」からと、投票場《とうひょうじょう》に行《い》かないと言《い》っている生徒《せいと》もいます。

明日《あした》、三人《さんにん》の会長立候補者《かいちょうりっこうほしゃ》による討論会《とうろんかい》と質疑《しつぎ》が行《おこな》われます。

真治《しんじ》さんは、今回《こんかい》の生徒会選挙《せいとかいせんきょ》で、学校《がっこう》や生徒会《せいとかい》がどのように変《か》わっていくのか、ワクワクしてきました。

立候補者《りっこうほしゃ》の公約《こうやく》

「伝統《でんとう》のある制服《せいふく》」

先輩《せんぱい》から受《う》け継《つ》いだ制服《せいふく》を学校《がっこう》の誇《ほこ》りとしようと考《かんが》えています。

雅也《まさや》さん

「有名《ゆうめい》デザイナーによる新《あら》たな制服《せいふく》」

生徒全員《せいとぜんいん》から意見《いけん》をもらい、有名《ゆうめい》なデザイナーと連携《れんけい》し、時代《じだい》を反映《はんえい》した制服《せいふく》を導入《どうにゅう》したいです。

洋子《ようこ》さん

「いくつかのパターンの組《く》み合《あ》わせができる制服《せいふく》」

女性《じょせい》でも、スラックスを履《は》きたい人《ひと》もいます。

上着《うわぎ》もいくつかのパターンで自由《じゆう》に選《えら》べ、自分《じぶん》なりに着《き》こなす事《こと》ができる制服《せいふく》にしたいです。

結花《ゆか》さん

？

選挙《せんきょ》について考《かんが》えてみよう。

❶ あなただったら、どの候補者《こうほしゃ》に投票《とうひょう》しますか。

① 雅也《まさや》さん

② 洋子《ようこ》さん

③ 結花《ゆか》さん

（理由《りゆう》）

❷ このような生徒会《せいとかい》選挙《せんきょ》によって、学校《がっこう》はどのように変《か》わっていくだろうか。

つなげよう

あなたたちの学校《がっこう》では、生徒会選挙《せいとかいせんきょ》を行《おこな》うことで、どのように学校《がっこう》をよくしていけるだろうか。みんなで話《はな》し合《あ》ってみよう。

11

一人《ひとり》でいる生徒《せいと》

●公平《こうへい》に接《せっ》する

啓一《けいいち》さんは、クラスで一人《ひとり》静《しず》かにしていることが多《おお》い生徒《せいと》です。

直樹《なおき》さんは、啓一《けいいち》さんがクラスの中《なか》で静《しず》かに一人《ひとり》でいることが最近《さいきん》、当《あ》たり前《まえ》のようになっている気《き》がしました。

直樹《なおき》さんは誠《まこと》さんに、「啓一《けいいち》さんがいつも一人《ひとり》でいるけど、いいのかな。」と相談《そうだん》しました。すると、誠《まこと》さんは、「いいんだよ。好《す》きで一人《ひとり》でいるんだから。」と、答《こた》えました。

グループで活動《かつどう》するときや、啓一《けいいち》さんが困《こま》っているときにも、啓一《けいいち》さんに話《はな》しかける人《ひと》がほとんどいません。

直樹《なおき》さんは、そのことはやはりおかしいと思《おも》い、仲《なか》の良《よ》い武志《たけし》さんに相談《そうだん》しました。

「啓一《けいいち》さんがいつも一人《ひとり》でいることも、啓一《けいいち》さんが一人《ひとり》でいるのに平気《へいき》な他《ほか》のみんなの雰囲気《ふんいき》もおかしいよ。」

直樹《なおき》さんと武志《たけし》さんは、自分《じぶん》たちにできることを考《かんが》えてみました。

ある日《ひ》のこと。学校《がっこう》近《ちか》くの図書館《としょかん》で、グループごとに調《しら》べ学習《がくしゅう》をすることになりました。直樹《なおき》さんと武志《たけし》さんは、これはチャンスだと思《おも》い、勇気《ゆうき》を出《だ》して啓一《けいいち》さんを誘《さそ》ってみました。すると、啓一《けいいち》さんは少《すこ》し照《て》れたように「うん、ありがとう。」とうなずきました。

直樹《なおき》さんと武志《たけし》さんは、これをきっかけに啓一《けいいち》さんと少《すこ》しずつ仲良《なかよ》くなりました。

集団生活《しゅうだんせいかつ》をするときに大切《たいせつ》なことについて考《かんが》えてみよう。

❶ 一人《ひとり》でいることが多《おお》い啓一《けいいち》さんについて、最初《さいしょ》どう思《おも》いましたか。

① 気《き》になる　② 気《き》にならない

（理由《りゆう》）

❷ 直樹《なおき》さんと武志《たけし》さんの行動《こうどう》で、クラスはどのように変《か》わると思《おも》いますか。

広《ひろ》げよう

あなたは次《つぎ》のような行動《こうどう》をとっていないだろうか。

いじめや差別《さべつ》を注意《ちゅうい》せずに黙《だま》ってないかな。

いじめや差別《さべつ》を見《み》ないふりをしていないかな。

クラスメイトの助《たす》け声《ごえ》に聞《き》こえないふりをしていないかな。

12

美化委員会《びかいいいんかい》の仕事《しごと》

●みんなのために

美緒《みお》さんは、今年《ことし》の委員会活動《いいんかいかつどう》に「美化委員会《びかいいいんかい》」を選《えら》びました。*SDGs《えすでぃーじーず》の授業《じゅぎょう》で取《と》り組《く》んだごみの分別《ぶんべつ》やリサイクルをして、「もっと学校《がっこう》をきれいにしたい。」と思《おも》ったからです。

美緒《みお》さんの役割《やくわり》は、毎週月曜日《まいしゅうげつようび》に、全部《ぜんぶ》の教室《きょうしつ》のごみを集《あつ》めることと、ダンボールをひもで結《むす》ぶことです。しかし、みんなのためにやっているのに誰《だれ》も「ありがとう。」などと言《い》ってくれません。

美緒《みお》さんは「どうして、みんなのごみを大変《たいへん》な思《おも》いをして集《あつ》めないといけないのかな。」と感《かん》じるようになりました。

ある日学校《ひがっこう》から帰《かえ》るときに、地域《ちいき》のごみ

置《お》き場《ば》を片《かた》づけたり、掃除《そうじ》をしたりするおじさんがいました。汚《よご》れたごみや臭《にお》いもあるのに、いやな顔《かお》ひとつせず、ごみを片《かた》づけています。

美緒《みお》さんは、おじさんを見《み》て、「どうして毎日《まいにち》やっているのかな。だれもほめてくれないのに。外《そと》も暑《あつ》いのに。」と思《おも》いました。

「仕事《しごと》だからなのかな。働《はたら》くということは、ほめられなくても、黙々《もくもく》と仕事《しごと》をするということなのかな。」

そのとき、美緒《みお》さんは学校《がっこう》での委員会活動《いいんかいかつどう》を思《おも》い出《だ》しました。

＊SDGs《えすでぃーじーず》：「持続可能《じぞくかのう》な開発目標《かいはつもくひょう》」の略《りゃく》。貧困《ひんこん》、不平等《ふびょうどう》・格差《かくさ》、気候変動《きこうへんどう》による影響《えいきょう》など解決《かいけつ》すべき問題《もんだい》を17の目標《もくひょう》で示《しめ》している。

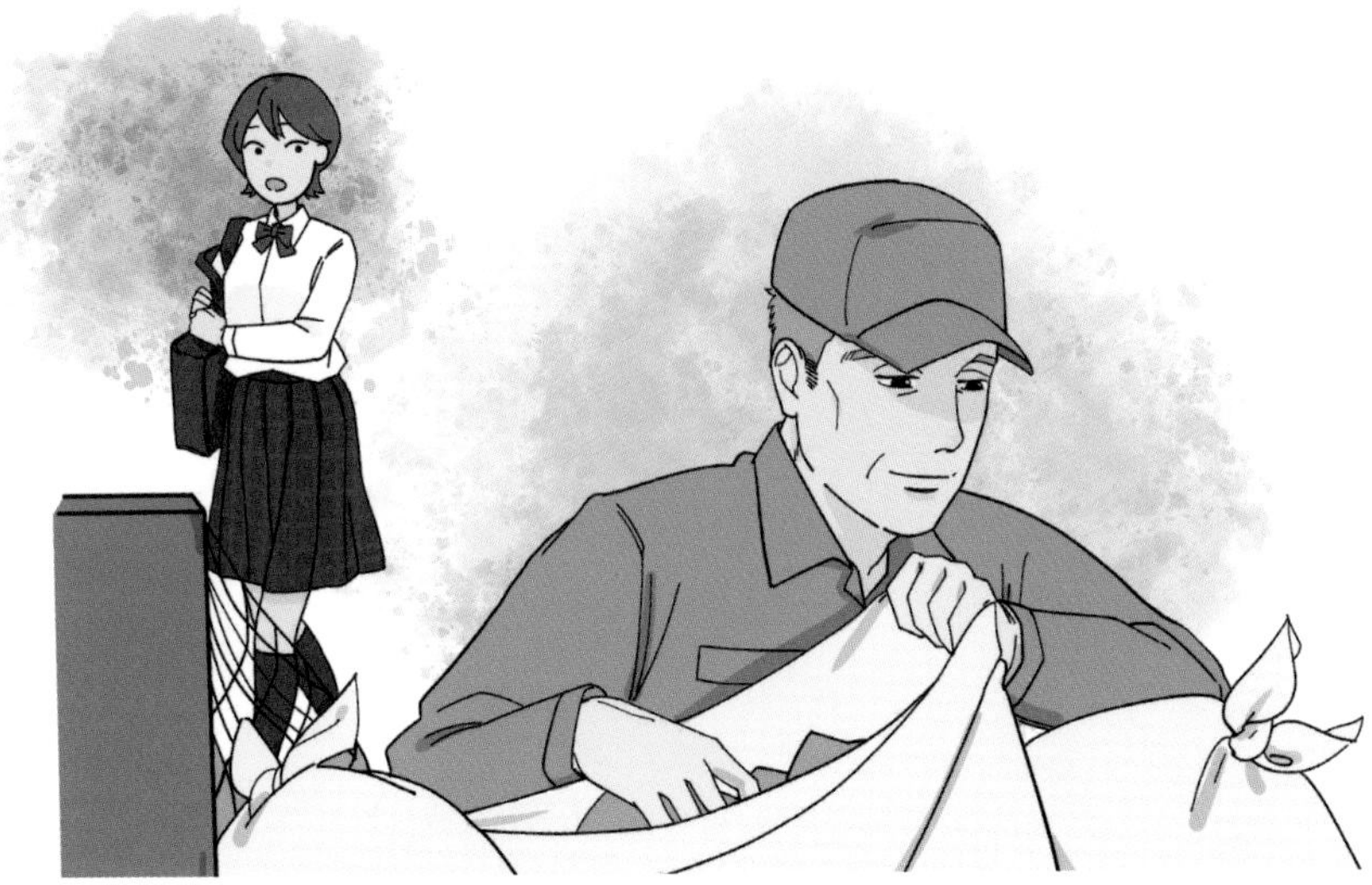

?

このお話《はなし》の中《なか》で、美緒《みお》さんは活動《かつどう》することの大切《たいせつ》さに気《き》づいただろうか。「美緒《みお》さん」の気持《きも》ちや考《かんが》えで、気《き》づいたことについて考《かんが》えてみよう。

❶大変《たいへん》な思《おも》いをする美緒《みお》さんに対《たい》して、あなたはどのように思《おも》いますか。

❷おじさんの様子《ようす》を見《み》た美緒《みお》さんは、どのように変《か》わっていくと思《おも》いますか。

広《ひろ》げよう

あなたは、学校《がっこう》や社会《しゃかい》のために、どのような活動《かつどう》ができるだろうか。

集《あつ》める活動《かつどう》

募金《ぼきん》、古切手《ふるきって》集《あつ》め、ペットボトルのキャップ回収《かいしゅう》　など

守《まも》る活動《かつどう》

公園《こうえん》の花壇《かだん》の整備《せいび》、リサイクル活動《かつどう》、ごみの収集《しゅうしゅう》　など

伝《つた》える活動《かつどう》

動画《どうが》による発信《はっしん》、ポスターづくり、新聞《しんぶん》づくり　など

13 通勤寮《つうきんりょう》での生活《せいかつ》

●働《はたら》くことの意味《いみ》

修《おさむ》さんは、特別支援学校《とくべつしえんがっこう》の高等部《こうとうぶ》を卒業《そつぎょう》してから、働《はたら》いて得《え》た給料《きゅうりょう》をもとに自宅《じたく》を離《はな》れて通勤寮《つうきんりょう》で生活《せいかつ》をしていました。

修《おさむ》さんは、次《つぎ》のような話《はなし》をしてくれました。

「親元《おやもと》を離《はな》れて自由《じゆう》になりたい」という思《おも》いが強《つよ》かった僕《ぼく》は、通勤寮《つうきんりょう》に入《はい》ってすぐの頃《ころ》、就職《しゅうしょく》して給料《きゅうりょう》を得《え》ることだけですっかり大人《おとな》のつもりでいました。しかし実際《じっさい》には、それだけでは何《なに》もできず、通勤寮《つうきんりょう》の人《ひと》たちに支《ささ》えられていました。

寮《りょう》では、職員《しょくいん》のみなさんが、おいしい食事《しょくじ》をつくってくれます。お金《かね》の管理《かんり》に関《かん》する指導《しどう》もしてくれます。何《なに》かあれば相談《そうだん》に乗《の》ってくれたり、ときには注意《ちゅうい》をしてくれたりもします。失敗《しっぱい》もフォローしてくれます。見守《みまも》って

もらえている感《かん》じでした。

通勤寮《つうきんりょう》でも、自分《じぶん》で働《はたら》いたお金《かね》で生活《せいかつ》をすることは、とても気持《きも》ちが良《よ》いし、自信《じしん》になりました。

自宅《じたく》を出《で》てすぐにアパート生活《せいかつ》をしていたら、とても大変《たいへん》だったと思《おも》います。通勤寮《つうきんりょう》での生活《せいかつ》の中《なか》で、一人《ひとり》でアパート生活《せいかつ》をする自信《じしん》がつきました。

社会《しゃかい》に出《で》て数年《すうねん》たった今《いま》、通勤寮《つうきんりょう》での生活《せいかつ》が「大人《おとな》の自分《じぶん》」への大切《たいせつ》なステップだったと思《おも》えるようになりました。

通勤寮《つうきんりょう》の一日《いちにち》（例《れい》）

起《き》　床《しょう》	布団《ふとん》をたたむ、着替《きが》え、洗面等《せんめんとう》を行《おこな》う
朝《ちょう》　食《しょく》	時間《じかん》までに食事《しょくじ》をすませ、食器《しょっき》も洗《あら》い終《お》える
出《しゅつ》　寮《りょう》	身《み》だしなみの確認《かくにん》、居室《きょしつ》の確認《かくにん》、鍵《かぎ》をかける
就《しゅう》　労《ろう》	それぞれの職場《しょくば》で働《はたら》く
帰《き》　寮《りょう》	連絡事項《れんらくじこう》があれば報告《ほうこく》する
食事《しょくじ》・その他《た》	入浴《にゅうよく》・洗濯《せんたく》・掃除《そうじ》など、やるべき事《こと》を済《す》ます
金銭受《きんせんう》け取《と》り	小遣《こづか》い帳《ちょう》へ記入《きにゅう》する、受《う》け取《と》り時間《じかん》は厳守《げんしゅ》する
就寝準備《しゅうしんじゅんび》・就寝《しゅうしん》	時間《じかん》には居室《きょしつ》へ戻《もど》り就寝準備《しゅうしんじゅんび》、就寝《しゅうしん》する

?

修《おさむ》さんの話《はなし》から、「大人《おとな》の自分《じぶん》」について考《かんが》えてみよう。

❶ 修《おさむ》さんの気《き》持《も》ちになって、通勤寮《つうきんりょう》で生活《せいかつ》を始《はじ》めた頃《ころ》の気《き》持《も》ちを語《かた》ってみよう。

❷ 社会《しゃかい》で働《はたら》き始《はじ》めて数年《すうねん》たったとき、修《おさむ》さんは自分《じぶん》のことをどのように考《かんが》えているだろう。

広《ひろ》げよう

あなたはどんな仕事《しごと》につきたいですか。また、どうしてその仕事《しごと》がしたいのか、理由《りゆう》を書《か》いてみよう。

（つきたい仕事《しごと》）

（理由《りゆう》）

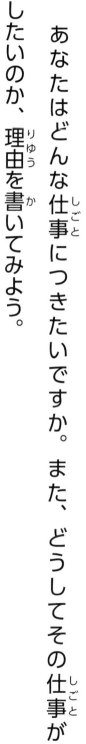

14

お母《かあ》さんへの手紙《てがみ》

家族《かぞく》のことを考《かんが》える

お母《かあ》さんへ

　お母《かあ》さん、毎日《まいにち》、
家族《かぞく》のために働《はたら》いてくれてありがとう。

　お母《かあ》さんの作《つく》るご飯《はん》は最高《さいこう》です。

いつも僕《ぼく》の生《い》きる力《ちから》になっています。

また、いつも困《こま》らせてごめんなさい。

　でも、「ちゃんとしなさい」「しっかりしなさい」とか、叱《しか》るのはやめてください。僕《ぼく》も、できるだけ頑張《がんば》っています。

　僕《ぼく》は、わかっているのに次々《つぎつぎ》と言《い》われると、なんだか寂《さび》しくなります。

お母《かあ》さん叱《しか》らないでと思《おも》っています。

隆宏《たかひろ》より

隆宏《たかひろ》さんのクラスでは、いつもお世話《せわ》になっている人《ひと》に、今《いま》の自分《じぶん》の気持《きも》ちを伝《つた》えるために手紙《てがみ》を書《か》くことにしました。

隆宏《たかひろ》さんは、さっそく、お母《かあ》さんへ手紙《てがみ》を書《か》き始《はじ》めました。書《か》き始《はじ》めると、いろいろなことが思《おも》い浮《う》かんできて、このような手紙《てがみ》になりました。

クラスの中《なか》でみんなが書《か》いた手紙《てがみ》を発表《はっぴょう》し合《あ》いました。

隆宏《たかひろ》さんが、手紙《てがみ》を読《よ》み終《お》わると、明日香《あすか》さんは、こう言《い》いました。

「隆宏《たかひろ》さんのお母《かあ》さんは、隆宏《たかひろ》さんのことを大切《たいせつ》に思《おも》っているよ。分《わ》からないの？」

「えっ、どういうこと？」

隆宏《たかひろ》さんは、明日香《あすか》さんの話《はな》したことが気《き》になって手紙《てがみ》を少《すこ》し書《か》き直《なお》すことにしました。

?

隆宏《たかひろ》さんの書《か》いた手紙《てがみ》を元《もと》に、家族《かぞく》のことを考《かんが》えてみよう。

❶ お母《かあ》さんが隆宏《たかひろ》さんを叱《しか》るのはなぜだろう。

① 怒《おこ》っている　② 心配《しんぱい》している

③ がっかりしている

④ 悲《かな》しんでいる

⑤ よくなってほしいと思《おも》っている

（理由《りゆう》）

❷ あなたが隆宏《たかひろ》さんだったら、この手紙《てがみ》をどのように書《か》き直《なお》しますか。

つなげよう

三《みっ》つのイラストは、家族《かぞく》がいてうれしいこと、良《よ》かったなと思《おも》うことです。
他《ほか》にどのようなことがありますか。

（他《ほか》にはないかな？）

15

なっとう憲法《けんぽう》

集団《しゅうだん》の一人《ひとり》として

ホームルームの時間《じかん》に、先生《せんせい》がみんなに聞《き》きました。

「このクラスについて、みんなはどう思《おも》っていますか。もっとこうしたいということはありませんか。」

仁美《ひとみ》さんは答《こた》えました。

「このごろ、このクラスは少《すこ》しまとまっていない気《き》がします。」

すると、みんなも次々《つぎつぎ》と言《い》い始《はじ》めました。

「何《なに》かを始《はじ》めても、すぐにあきらめてしまう人《ひと》が多《おお》くて残念《ざんねん》です。」

「みんなもっと協力《きょうりょく》できれば、いいクラスになると思《おも》います。」

仁美《ひとみ》さんは、みんなの考《かんが》えを聞《き》きながら、「粘《ねば》り強《づよ》く、みんな仲良《なかよ》く、笑《わら》いに包《つつ》まれたクラスにしたい。」と思《おも》いました。「粘《ねば》り強《づよ》く」や「笑《わら》い」と考《かんが》えていると、仁美《ひとみ》さんは『納豆《なっとう》』を思《おも》い出《だ》しました。そして、「みんなの考《かんが》えを、納豆《なっとう》に例《たと》えてまとめ、『なっとう憲法《けんぽう》』と名《な》づけてはどうですか。」と提案《ていあん》すると、みんなから拍手《はくしゅ》が起《お》きました。

仁美《ひとみ》さんは、楽《たの》しいクラスの目標《もくひょう》ができたと感《かん》じました。

「目標達成《もくひょうたっせい》のために私《わたし》には何《なに》ができるかな。」

仁美《ひとみ》さんは、わくわくしながら考《かんが》えてみました。

なっとう憲法《けんぽう》

一　粘《ねば》り強《づよ》く

二　まめ（豆《まめ》）に働《はたら》き

三　笑《わら》い（藁《わら》）に包《つつ》まれて

四　一人《ひとり》ひとりつながりのあるクラス

？

仁美《ひとみ》さんのクラスでできた「なっとう憲法《けんぽう》」について考《かんが》えてみよう。

❶「なっとう憲法《けんぽう》」ができたことで、どんな成果《せいか》があると思《おも》いますか。

①あきらめなくなる

②やる気《き》が出《で》る

③進《すす》んで行動《こうどう》できるようになる

④明《あか》るくなる　⑤心《こころ》がつながる

（その他《た》）

❷自分《じぶん》がこのクラスにいたら、どんなことを頑張《がんば》りたくなるだろう。

つなげよう

私《わたし》たちの身《み》の回《まわ》りには、さまざまな集団《しゅうだん》があります。それぞれの中《なか》で、あなたができることを考《かんが》えよう。

部活動《ぶかつどう》をもっと楽《たの》しくするにはどうすればよいだろう。

地域《ちいき》で行《おこな》う活動《かつどう》で、もっと頑張《がんば》れそうなことは何《なん》だろう。

(他《ほか》にできることは何《なん》だろう)

16

夏祭《なつまつ》りの練習《れんしゅう》

郷土《きょうど》の伝統《でんとう》を受《う》け継《つ》ぐ

「ドドンッ　ドン」

夏祭《なつまつ》りが近《ちか》づいてきました。悠翔《はると》さんは、祭《まつ》り太鼓《だいこ》の練習《れんしゅう》に励《はげ》んでいます。自治会《じちかい》の山中会長《やまなかかいちょう》をはじめ、町《まち》のおじいさん、おばあさんたちから、太鼓《たいこ》の叩《たた》き方《かた》を教《おそ》わっています。

休憩中《きゅうけいちゅう》に山中会長《やまなかかいちょう》から、こんな話《はなし》を聞《き》きました。

「おじいさん、おばあさんたちが、子供《こども》たちに、祭《まつ》り太鼓《だいこ》を教《おし》えることは、昔《むかし》からずっとやってきたことなんだよ。」

「悠翔《はると》さんのお父《とう》さんには、私《わたし》が祭《まつ》り太鼓《だいこ》を教《おし》えたんだ。とても上手《じょうず》に太鼓《たいこ》を叩《たた》いていたよ。」

悠翔《はると》さんは、子供《こども》の頃《ころ》の父《ちち》が祭《まつ》り太鼓《だいこ》を叩《たた》いている姿《すがた》を思《おも》い浮《う》かべました。

「この町《まち》の夏祭《なつまつ》りも、戦争《せんそう》があったときは中止《ちゅうし》していたんだ。戦争《せんそう》が終《お》わったら、祭《まつ》り太鼓《だいこ》を叩《たた》ける人《ひと》が、ほとんどいなくなってしまった。しかし、町《まち》の人《ひと》たちが『長《なが》い間《あいだ》続《つづ》けてきた夏祭《なつまつ》りを絶《た》やしてはいけない』と、仲間《なかま》を集《あつ》めて猛練習《もうれんしゅう》し、復活《ふっかつ》させたんだよ。」

山中会長《やまなかかいちょう》の話《はなし》を聞《き》いた後《あと》、練習《れんしゅう》を再開《さいかい》した悠翔《はると》さんは、いつも以上《いじょう》に力《ちから》を込《こ》めて、太鼓《たいこ》を叩《たた》きました。

?

このお話《はなし》を読《よ》んで、郷土《きょうど》の伝統《でんとう》や文化《ぶんか》について考《かんが》えてみよう。

❶ 練習《れんしゅう》を再開《さいかい》した悠翔《はると》さんは、どうして
いつも以上《いじょう》に力《ちから》を込《こ》めて太鼓《たいこ》を叩《たた》いた
のだろうか。

① お父《とう》さんに負《ま》けたくないから

② 太鼓《たいこ》を叩《たた》ける喜《よろこ》びを感《かん》じたから

③ もっと祭《まつり》を盛《も》り上《あ》げたいと思《おも》ったから

(理由《りゆう》)

❷ あなたなら、祭《まつ》り太鼓《だいこ》を
未来《みらい》に受《う》け継《つ》ぐために、
どのようなことを
しますか。

広《ひろ》げよう

みなさんの住《す》む町《まち》や村《むら》に、伝統《でんとう》や文化《ぶんか》を伝《つた》えるものはありますか。調《しら》べてみましょう。

伝統的《でんとうてき》な衣装《いしょう》はあるかな？

郷土料理《きょうどりょうり》はあるかな？

家《いえ》の造《つく》りはどうかな？

お祭《まつ》りはあるかな？

17

東京《とうきょう》2020パラリンピックと木村敬一《きむらけいいち》選手《せんしゅ》

日本人《にほんじん》としてできること

木村敬一選手《きむらけいいちせんしゅ》は、東京《とうきょう》2020パラリンピックの水泳競技《すいえいきょうぎ》100mバタフライ（視覚障《しかくしょう》がいクラスS11）の金《きん》メダリストです。

木村選手《きむらせんしゅ》は二歳《にさい》の時《とき》に視力《しりょく》を失《うしな》い、目《め》が見《み》えず光《ひかり》も感《かん》じません。でも、十歳《じゅっさい》の時《とき》から水泳《すいえい》を始《はじ》め、四度目《よんどめ》の挑戦《ちょうせん》で念願《ねんがん》の金《きん》メダルを獲得《かくとく》しました。

木村選手《きむらせんしゅ》は麻衣《まい》さんの学校《がっこう》に来《き》てこんな話《はなし》をしてくれました。

「どうしても世界一《せかいいち》になりたかった。そのためにアメリカに留学《りゅうがく》し、心《こころ》も鍛《きた》え

金《きん》メダルを手《て》にする木村選手《きむらせんしゅ》

ました。努力《どりょく》することで夢《ゆめ》が叶《かな》うことを
多《おお》くの人《ひと》に知《し》ってもらいたい。」
「私《わたし》は、目《め》が見《み》えないのでメダルの
色《いろ》が分《わ》かりません。でも、表彰台《ひょうしょうだい》の
一番上《いちばんうえ》に乗《の》ると、日本《にほん》の国歌《こっか》を流《なが》して
もらえます。その国歌《こっか》を聴《き》いたときに、
本当《ほんとう》に一位《いちい》になったと感《かん》じました。」
麻衣《まい》さんは木村選手《きむらせんしゅ》の話《はなし》を聴《き》きながら、
パラリンピックは夢《ゆめ》を実現《じつげん》できる
素晴《すば》らしい大会《たいかい》だと感《かん》じました。
そして、自分自身《じぶんじしん》の夢《ゆめ》を叶《かな》えるために、
何《なに》かできることがあるのではないかと
思《おも》いました。

（写真提供：
朝日新聞社／ゲッティ）

競技中《きょうぎちゅう》の木村選手《きむらせんしゅ》

?

東京《とうきょう》2020パラリンピックを通《つう》じて、日本人《にほんじん》の一人《ひとり》としてのあなたのあり方《かた》について考《かんが》えてみよう。

❶ 木村選手《きむらせんしゅ》のすごいところはどこだろうか。

❷ 麻衣《まい》さんは、木村選手《きむらせんしゅ》の話《はなし》を聞《き》いて、自分《じぶん》たちにはどんなことができると思《おも》っただろうか。

広《ひろ》げよう

誰《だれ》もが活躍《かつやく》できる日本《にほん》の社会《しゃかい》をつくるために、思《おも》うことを書《か》いてみよう。

❶あなたは、日本《にほん》に住《す》んでいて、よいと思《おも》ったことはどんなことですか。

❷あなたは、自分《じぶん》の得意《とくい》なことを生《い》かしてどのような活動《かつどう》で日本《にほん》の発展《はってん》に貢献《こうけん》したいですか。

18

外国《がいこく》のこと、次々《つぎつぎ》発見《はっけん》！

世界《せかい》に心《こころ》を向《む》ける

美咲《みさき》さんの学校《がっこう》では、いろいろな国《くに》の代表的《だいひょうてき》な食《た》べ物《もの》が給食《きゅうしょく》で出《で》てきます。

先日《せんじつ》、給食《きゅうしょく》でインドの「ナン」を使《つか》ったカレーが出《で》てきました。はじめは、どうやって食《た》べたらいいか不思議《ふしぎ》に思《おも》いましたが、食《た》べてびっくり。おいしいことと、手《て》づかみで食《た》べる文化《ぶんか》に驚《おどろ》きました。

また、電車《でんしゃ》に乗《の》って出《で》かけた、ある日《ひ》のこと。駅《えき》の案内表示《あんないひょうじ》が、日本語《にほんご》のほかに、英語《えいご》や中国語《ちゅうごくご》、韓国語《かんこくご》など、いくつもの国《くに》の言葉《ことば》で、書《か》かれていることに気《き》づきました。

インドの「ナン」を使《つか》ったカレー

最近《さいきん》、町中《まちなか》で、いろいろな国《くに》の人《ひと》を見《み》かけることが増《ふ》えた気《き》がします。旅行《りょこう》で日本《にほん》に来《き》ている人《ひと》、レストランやコンビニエンスストアで働《はたら》いている人《ひと》、スーパーで買《か》い物《もの》をしている人《ひと》など、さまざまです。

世界各国《せかいかっこく》の人《ひと》が日本《にほん》で暮《く》らし、働《はたら》き、生《い》きています。

美咲《みさき》さんは、その人《ひと》たちへの、理解《りかい》が深《ふか》まると良《よ》いと思《おも》いました。そして、世界各国《せかいかっこく》のことを、もっと調《しら》べてみたくなりました。

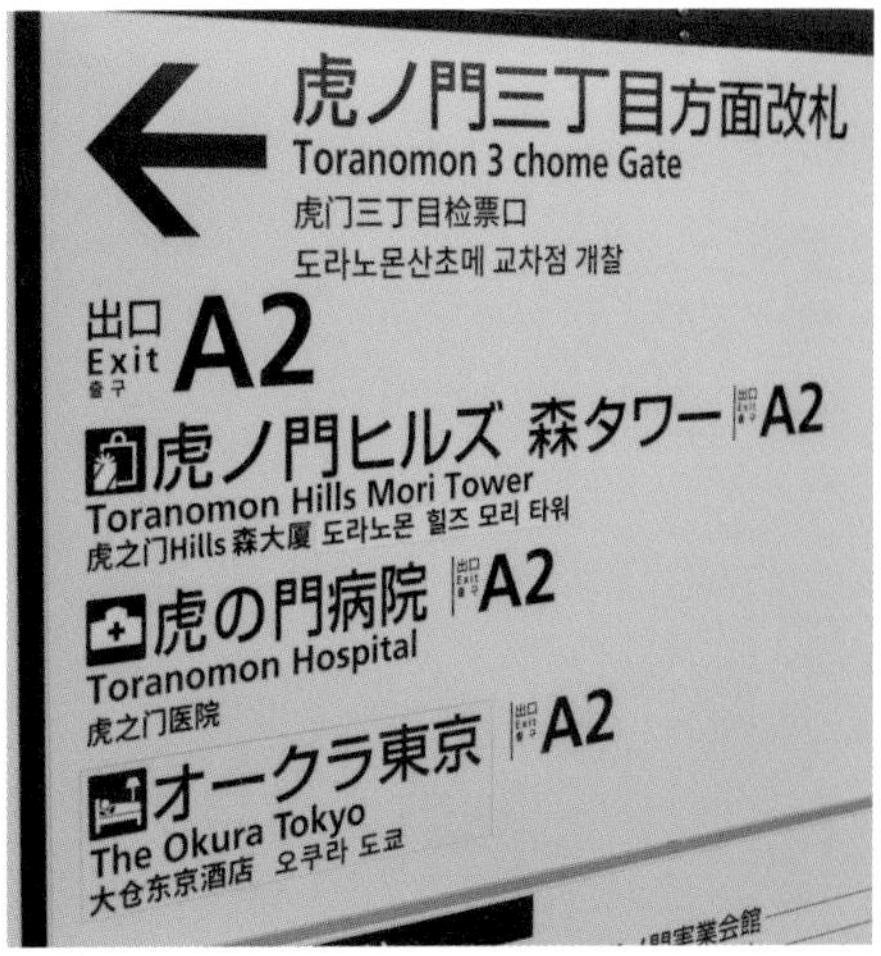

駅《えき》の案内表示《あんないひょうじ》

？

自分《じぶん》の好《す》きな国《くに》、気《き》になる国《くに》について調《しら》べてみよう。

❶それぞれの国《くに》で、食《た》べ物《もの》や言葉《ことば》がこんなに違《ちが》うことについて、どのように感《かん》じますか。

①みんな同《おな》じ方《ほう》がよい

②それぞれ違《ちが》う方《ほう》がよい

（理由《りゆう》）

❷言葉《ことば》や文化《ぶんか》が違《ちが》う外国《がいこく》のことを知《し》ることは、どうして大切《たいせつ》なのでしょうか。

深《ふか》めよう

❶ 世界《せかい》のさまざまな衣装《いしょう》

スコットランドの
民族衣装《みんぞくいしょう》

ベトナムの
民族衣装《みんぞくいしょう》

ケニアの
民族衣装《みんぞくいしょう》

❷ 国《くに》で異《こと》なるじゃんけんの仕方《しかた》

ミャンマーのじゃんけん

フランスのじゃんけん

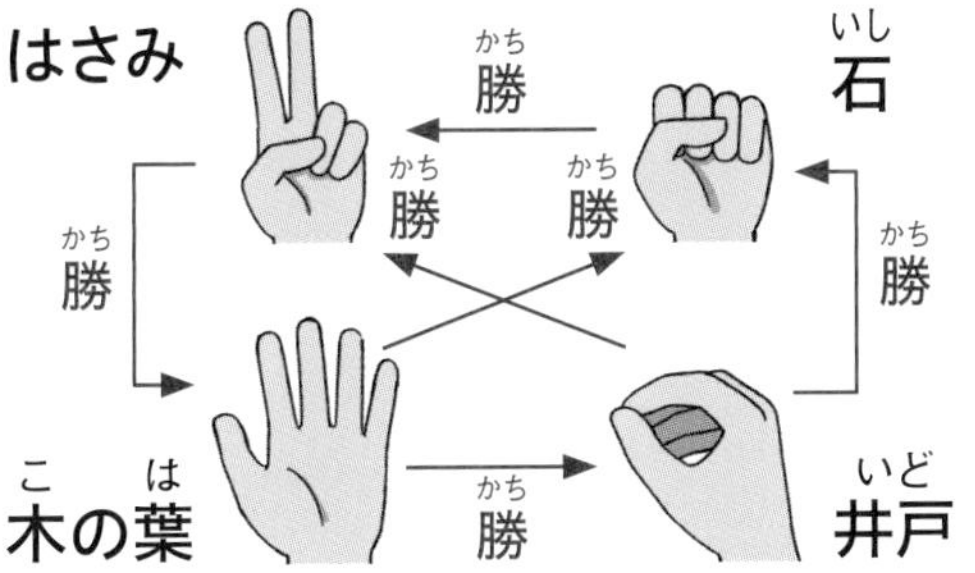

インドネシアのじゃんけんぞう

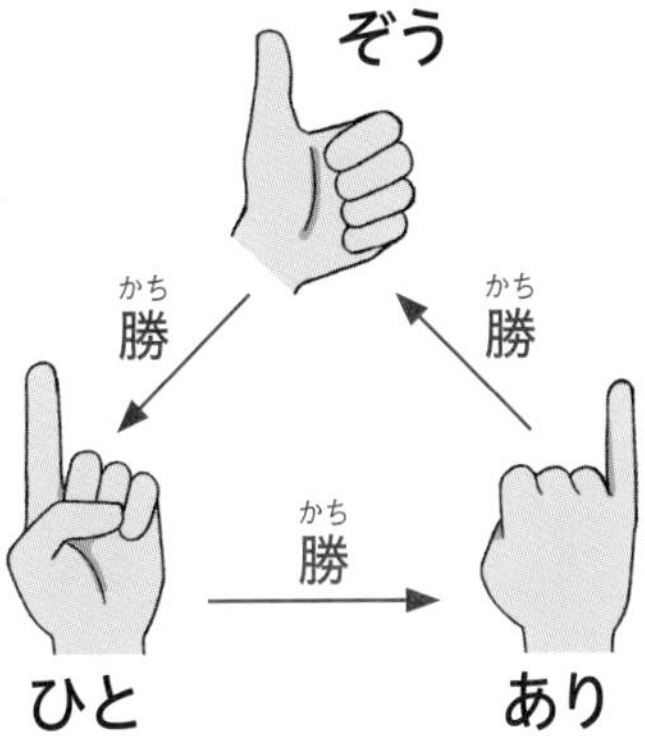

D 輝《かがや》く命《いのち》

「命《いのち》」って何《なん》ですか？
けがや病気《びょうき》のときに、どうして治療《ちりょう》をするのですか？

感《かん》じていますか？
自分《じぶん》が生《い》きていることを。
見《み》えますか？
輝《かがや》いている自分《じぶん》が。

19

おじいさんと妹《いもうと》

命《いのち》の尊《とうと》さ

芽衣《めい》さんには、二ヶ月前《にかげつまえ》に生《う》まれた妹《いもうと》がいます。一人《ひとり》っ子《こ》だった芽衣《めい》さんは、ずっと前《まえ》からきょうだいがいたらいいなと思《おも》っていたので、新《あたら》しい家族《かぞく》が増《ふ》えて大喜《おおよろこ》びです。芽衣《めい》さんは、妹《いもうと》に会《あ》いたくて、毎日学校《まいにちがっこう》が終《お》わると、急《いそ》いで帰宅《きたく》しています。

また、芽衣《めい》さんには、高齢《こうれい》のおじいさんがいます。おじいさんは、若《わか》い頃《ころ》には災害《さいがい》で親《した》しい友人《ゆうじん》をなくしたり、家《いえ》を失《うしな》ったりする苦労《くろう》もありましたが、元気《げんき》に暮《く》らしてきました。しかし、そのおじいさんが、今《いま》、体調《たいちょう》を崩《くず》して、病院《びょういん》に入院《にゅういん》しています。

妹《いもうと》が生《う》まれた時《とき》、おじいさんが、妹《いもうと》に会《あ》いに来《き》てくれました。

「私《わたし》の命《いのち》は、この子《こ》にもつながったな。自分《じぶん》の命《いのち》を精一杯《せいいっぱい》生《い》きてもらいたい。」

おじいさんは、そう言《い》って大喜《おおよろこ》びでした。

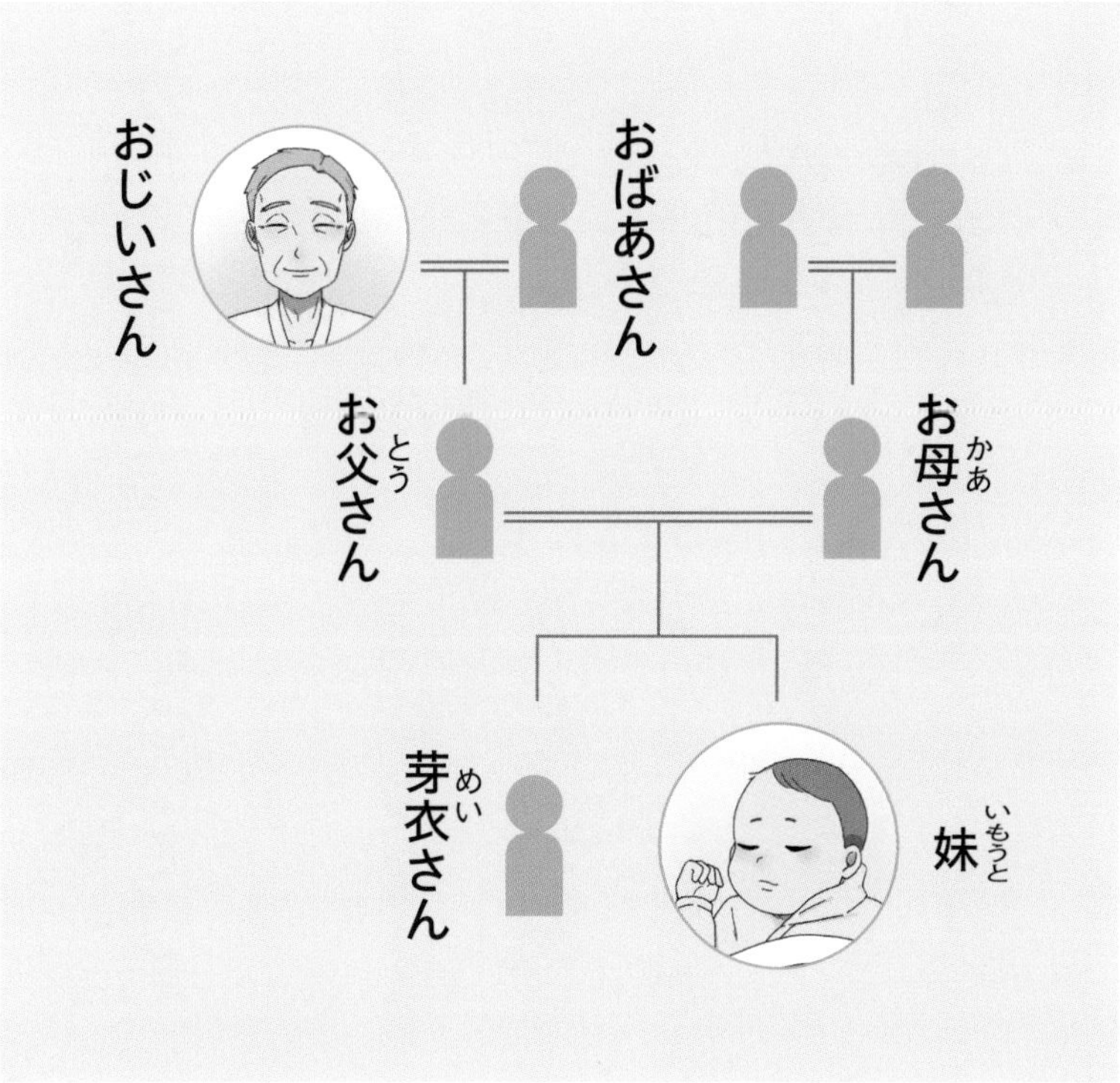

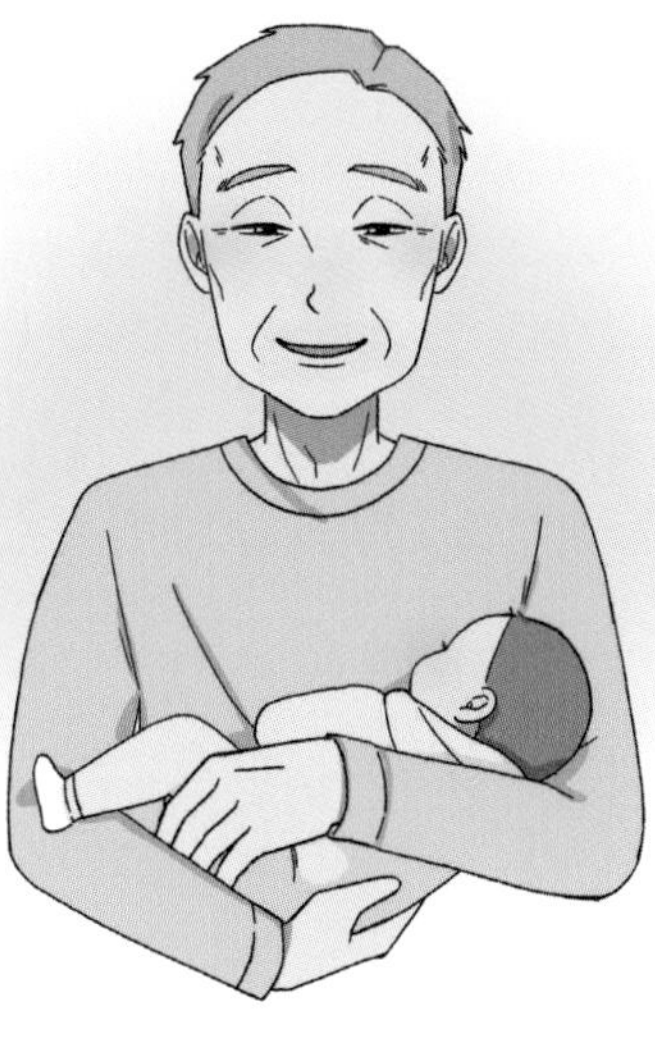

このお話《はなし》を読《よ》んで、命《いのち》について考《かんが》えてみよう。

❶おじいさんの「私《わたし》の命《いのち》は、この子《こ》にもつながったな。」には、どのような気《き》持《も》ちが込《こ》められていると思《おも》いますか。

❷前《ぜん》ページの命《いのち》のつながりの図《ず》を見《み》て、わかること、考《かんが》えたことを書《か》いてみよう。

広《ひろ》げよう

命《いのち》とは、どのようなものですか。自分《じぶん》の言葉《ことば》で考《かんが》えてみよう。

親《おや》から子《こ》へ
受《う》け継《つ》がれるもの

みんな同《おな》じように
大切《たいせつ》なもの

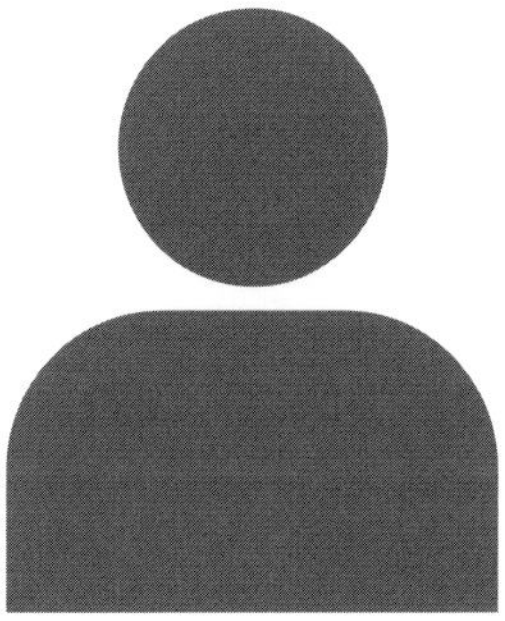

一人《ひとり》ひとりに
あるもの

（自分《じぶん》の考《かんが》えを書《か》いてみよう）

20

自然《しぜん》と私《わたし》たち

自然《しぜん》を守《まも》り抜《ぬ》く

人間《にんげん》は自然《しぜん》からさまざまな恩恵《おんけい》を受《う》けています。食料《しょくりょう》を得《え》るだけでなく、光合成《こうごうせい》で発生《はっせい》する酸素《さんそ》により生命《せいめい》は維持《いじ》されています。

また、自然《しぜん》は私《わたし》たちに安《やす》らぎを与《あた》えてくれるなど、欠《か》かすことのできないものです。

一方《いっぽう》で、地震《じしん》や豪雨《ごうう》などの自然災害《しぜんさいがい》により、人間《にんげん》の命《いのち》が危機《きき》にさらされることもあります。

また、人間《にんげん》の社会活動《しゃかいかつどう》によって環境破壊《かんきょうはかい》が引《ひ》き起《お》こされ、人間《にんげん》だけでなく、さまざまな動物《どうぶつ》や植物《しょくぶつ》にも影響《えいきょう》を及《およ》ぼすことがあります。

安《やす》らぎ

食料《しょくりょう》

自然《しぜん》とのさまざまな関《かか》わり

環境破壊《かんきょうはかい》

自然災害《しぜんさいがい》

自然《しぜん》と自分《じぶん》との関《かか》わりについて考《かんが》えてみよう。

海洋《かいよう》プラスチック問題《もんだい》

自然《しぜん》では分解《ぶんかい》されないプラスチックを、動物《どうぶつ》が誤《あやま》って飲《の》み込《こ》むなどの問題《もんだい》がおきている

干《かん》ばつの様子《ようす》

地球《ちきゅう》温暖化《おんだんか》や気候《きこう》変動《へんどう》により、長期間《ちょうきかん》雨《あめ》が降《ふ》らず、水不足《みずぶそく》になった土地《とち》

上《うえ》の二枚《にまい》の写真《しゃしん》を見《み》て、感《かん》じたことを話《はな》し合《あ》ってみよう。

深《ふか》めよう

ボランティアによる
ごみ拾《ひろ》いの様子《ようす》

植樹《しょくじゅ》の様子《ようす》

美《うつく》しい自然《しぜん》を守《まも》るために私《わたし》たちができることは何《なん》でしょうか。話《はな》し合《あ》ってみよう。

21

貼《は》り絵《え》に思《おも》いを込《こ》めて

感動《かんどう》を伝《つた》える

『長岡《ながおか》の花火《はなび》』　山下清《やましたきよし》（1950年《ねん》）

画家《がか》の山下清《やましたきよし》さんを知《し》っていますか。旅先《たびさき》で出会《であ》った風景《ふうけい》などを作品《さくひん》にし、後《のち》に「日本《にほん》のゴッホ」と呼《よ》ばれるようになりました。

山下《やました》さんは、十八歳《じゅうはっさい》になると放浪《ほうろう》の旅《たび》に出《で》るようになりました。旅《たび》の途中《とちゅう》で目《め》に焼《や》きつけてきた風景《ふうけい》などを記憶《きおく》し、旅《たび》から帰《かえ》ってきたら、

作品制作《さくひんせいさく》に取《と》り組《く》む山下清《やましたきよし》さん

長《なが》い時間集中《じかんしゅうちゅう》して作品《さくひん》にしました。

山下《やました》さんは、生前《せいぜん》このようなことを語《かた》っています。

「ぼくは放浪《ほうろう》しているとき、絵《え》を描《か》くために歩《ある》き回《まわ》っているのではなく、きれいな景色《けしき》やめずらしいものを見《み》るのが好《す》きで歩《ある》いている。貼絵《はりえ》は帰《かえ》ってからゆっくり思《おも》い出《だ》して描《か》いている。」

？

山下清《やましたきよし》さんのお話《はなし》を読《よ》んで、感動《かんどう》することについて考《かんが》えてみよう。

❶ 山下《やました》さんの作品《さくひん》をみて、感《かん》じたことを書《か》いてみよう。

❷ 山下《やました》さんは、どうして旅先《たびさき》の風景《ふうけい》を作品《さくひん》にしたのだろうか。

深《ふか》めよう

山下清《やましたきよし》さんのプロフィール

1922年《ねん》（0才《さい》）	東京府《とうきょうふ》（当時《とうじ》）で生《う》まれる。
1934年《ねん》（12才《さい》）	八幡学園《やわたがくえん》（千葉県《ちばけん》）で生活《せいかつ》を始《はじ》め、絵《え》などを制作《せいさく》するようになる。
1940年《ねん》（18才《さい》）	放浪《ほうろう》の旅《たび》に出《で》るようになる。八幡学園《やわたがくえん》に戻《もど》ると、風景《ふうけい》などの記憶《きおく》を作品《さくひん》にした。
1950年《ねん》（28才《さい》）	『長岡《ながおか》の花火《はなび》』を完成《かんせい》させる。
1954年《ねん》（32才《さい》）	『桜島《さくらじま》』を完成《かんせい》させる。
1956年《ねん》（34才《さい》）	全国《ぜんこく》130か所《しょ》で「山下清展《やましたきよしてん》」が開《ひら》かれる。
1961年《ねん》（39才《さい》）	ヨーロッパ旅行《りょこう》へ行《い》き、帰国《きこく》した後《あと》にパリのエッフェル塔《とう》などの名所《めいしょ》を作品《さくひん》にする。
1971年《ねん》（49才《さい》）	病気《びょうき》のため亡《な》くなる。

桜島《さくらじま》

パリのエッフェル塔《とう》

（写真提供：山下清作品管理事務所）

22

現場実習《げんばじっしゅう》での喜《よろこ》び

志《こころざし》を高《たか》く生《い》きる

桜《さくら》さんは、十月《じゅうがつ》からスーパーマーケットに現場実習《げんばじっしゅう》に行《い》くことになりました。

桜《さくら》さんがお店《みせ》で商品《しょうひん》を並《なら》べていたときに、実習担当《じっしゅうたんとう》の人《ひと》から「商品《しょうひん》の名前《なまえ》が見《み》えるように並《なら》べてください。」と注意《ちゅうい》されました。

桜《さくら》さんは頑張《がんば》っていたのに注意《ちゅうい》されて、気持《きも》ちが落《お》ち込《こ》んでしまいました。

でも、次《つぎ》の日《ひ》に商品《しょうひん》の棚《たな》を見《み》てみると、商品《しょうひん》の名前《なまえ》が見《み》えないと本当《ほんとう》に探《さが》しにくいことに気《き》づきました。

そして、商品《しょうひん》の名前《なまえ》が見《み》えやすくなるように、きれいに並《なら》び替《か》えました。

すると、実習担当《じっしゅうたんとう》の人《ひと》が見回《みまわ》りにきたときに
「あれ、これ桜《さくら》さんがやってくれたの？
お客様《きゃくさま》の気持《きも》ちになって仕事《しごと》をすることの
大切《たいせつ》さに、自分《じぶん》で気《き》づいたのですね。
すごいですね。」とほめられました。
桜《さくら》さんは嬉《うれ》しくなって、他《ほか》にもいろいろな仕事《しごと》
をしてみたいと思《おも》いました。

？

桜《さくら》さんの心《こころ》の変化《へんか》について考《かんが》えてみよう。

❶ 桜《さくら》さんは、自信《じしん》を持《も》っていたことを注意《ちゅうい》されて、どのような気持《きも》ちになりましたか。

❷ 次《つぎ》の日《ひ》、桜《さくら》さんは、どうして気持《きも》ちを切《き》りかえることができたのか、考《かんが》えてみよう。

深《ふか》めよう

あなたは、どんなことがあったら今《いま》よりさらに頑張《がんば》ろうという気持《きも》ちになりますか。

ほめられたとき

できなかったことができるようになったとき

やりたいことができたとき

(その他《た》)

自分《じぶん》の成長《せいちょう》を振《ふ》り返《かえ》る

道徳《どうとく》の学習《がくしゅう》は楽《たの》しかったですか。
自分自身《じぶんじしん》の成長《せいちょう》や変化《へんか》がわかりましたか。
他《ほか》の人《ひと》のことや社会《しゃかい》のことがわかってきましたか。
振《ふ》り返《かえ》ってみて、次《つぎ》の質問《しつもん》に答《こた》えてみましょう。

❶ 一番《いちばん》チャレンジしたことは何《なん》ですか？

❷ 一番成長《いちばんせいちょう》したことは何《なん》ですか？

❸ 新《あたら》しくできた友《とも》だちは誰《だれ》ですか？

❹ 新《あたら》しく好《す》きになったことは何《なん》ですか？

❺ 新《あたら》しい自分《じぶん》の夢《ゆめ》は何《なん》ですか？

本書を使用する教師へのガイド

本書は、特別支援学校や特別支援学級での道徳の授業で活用してもらうために作成しました。

内容項目ごとに、生徒が理解しやすく、身近なこととして考えられる題材を取り上げています。指導する順番などは各学校での年間指導計画に基づいて選択して決めてください。

構成としては、内容項目ごとに4ページとして、最初の見開き2ページで題材を示しています。

次の見開き2ページで題材に関しての自分の考えを整理し、未来に向けて「つなげよう」「広げよう」「深めよう」などの視点から、自分はどんなことができるかを考えていくように

しています。

本書は授業で使用する際に、自分の考えなどを直接テキストに記入できる枠を用意してありますが、生徒の実態によっては拡大コピーや別途プリントを用意してください。また、題材によっては道徳科での指導だけでなく、教科・領域を合わせた指導や自立活動、また、キャリア教育に関する授業などでの活用もできますので、ご活用ください。

特別支援学校の学習指導要領においても、「特別の教科」道徳の授業は大切です。

自分のこととして考えていくことができる授業の展開や教材の工夫が求められるところです。そして、生徒が自分の将来に夢と希望を描けるような道徳の授業をすすめていってください。

編集・執筆者一同

	指導内容	資料名	テーマ
C　主として集団や社会との関わりに関すること			
10	遵法精神、公徳心	生徒会選挙	きまりに向き合う
11	公正、公平、社会正義	一人でいる生徒	公平に接する
12	社会参画、公共の精神	美化委員会の仕事	みんなのために
13	勤労	通勤寮での生活	働くことの意味
14	家族愛、家庭生活の充実	お母さんへの手紙	家族のことを考える
15	よりよい学校生活、集団生活の充実	なっとう憲法	集団の一人として
16	郷土の伝統と文化の尊重、郷土を愛する態度	夏祭りの練習	郷土の伝統を受け継ぐ
17	我が国の伝統と文化の尊重、国を愛する態度	東京2020パラリンピックと木村敬一選手	日本人としてできること
18	国際理解、国際貢献	外国のこと、次々発見！	世界に心を向ける
D　主として生命や自然、崇高なものとの関わりに関すること			
19	生命の尊さ	おじいさんと妹	命の尊さ
20	自然愛護	自然と私たち	自然を守り抜く
21	感動、畏敬の念	貼り絵に思いを込めて	感動を伝える
22	よりよく生きる喜び	現場実習での喜び	志を高く生きる

教材配列一覧

※本書で参考とし、本表に示す「指導内容」は、学習指導要領の中学校段階に示されている道徳の内容項目に即して整理しています。

	指導内容	資料名	テーマ
A　主として自分自身に関すること			
1	自主、自律、自由と責任	どうする？ペンケース	自分で決める
2	節度、節制	あこがれのスマートフォン	生活をつくる
3	向上心、個性の伸長	マラソン大会に向けて	自分らしさを伸ばす
4	希望と勇気、克己と強い意志	印刷工場での出来事	勇気を出す
5	真理の探究、創造	富士山の姿	新たな発想を生み出す
B　主として人との関わりに関すること			
6	思いやり、感謝	「ありがとう」のプレゼント	思いやりに応える
7	礼儀	礼に始まり礼に終わる	礼儀の大切さ
8	友情、信頼	将棋大会	友情を深める
9	相互理解、寛容	文化祭の準備	互いに分かり合う

■編著
全国特別支援教育・知的障害教育研究会

■代表
半澤　嘉博　　東京家政大学　教授

■執筆者（五十音順）
有上　真理　　東京都立水元小合学園　主幹教諭
加部　　務　　東京都立水元小合学園　主幹教諭
篠﨑　友誉　　東京都教職員研修センター　教授（学習指導専門員）
日置　健児朗　　熊本県立小国支援学校　教諭
本吉　大介　　熊本大学大学院教育学研究科　准教授

■監修
永田　繁雄　　東京学芸大学　特任教授

●本文デザイン/表紙デザイン　パシフィック・ウイステリア
●資料提供　DNPアートコミュニケーションズ　Photolibrary　PIXTA
朝日新聞社　ゲッティ　詩人会議出版　東京ガス
東京国立博物館　山下清作品管理事務所

道徳　私たちの未来　未来の私たち

令和5年2月20日発行

発　行　開隆堂出版株式会社
代表者　岩塚太郎
〒113-8608　東京都文京区向丘1-13-1
電話　03-5684-6116（編集）
https://www.kairyudo.co.jp/

販　売　開隆館出版販売株式会社
〒113-8608　東京都文京区向丘1-13-1
電話　03-5684-6118（販売）

印　刷　壮光舎印刷株式会社

BC

ISBN 978-4-304-04240-9